NOTICE

SUR

M. L'ABBÉ MANTET

ANCIEN AUMONIER DE L'HOPITAL SAINT-JACQUES

PAR

M. L'ABBÉ TH. NOIR

CURÉ DOYEN DE JUSSEY

> Memoria ejus in benedictione erit.
> Sa mémoire sera toujours en bénédiction parmi nous.
> (1. Mach., III, 7.)

Conserver la couverture

BESANÇON
IMPRIMERIE ET LITHOGRAPHIE DE PAUL JACQUIN
Grande-Rue, 14, à la Vieille-Intendance

1883

M. L'ABBÉ MANTET

NOTICE

SUR

M. L'ABBÉ MANTET

ANCIEN AUMONIER DE L'HOPITAL SAINT-JACQUES

PAR

M. L'ABBÉ TH. NOIR

CURÉ DOYEN DE JUSSEY

> *Memoria ejus in benedictione erit.*
> Sa mémoire sera toujours en bénédiction parmi nous.
> (I. Mach., III, 7.)

BESANÇON

IMPRIMERIE ET LITHOGRAPHIE DE PAUL JACQUIN

Grande-Rue, 14, à la Vieille-Intendance

1883

M. L'ABBÉ MANTET

Memoria ejus in benedictione erit.
Sa mémoire sera toujours en bénédiction parmi nous.
(I. Mach., III, 7.)

L'hôpital Saint-Jacques de Besançon vient de perdre un de ces anciens aumôniers, un de ces prêtres dont les vertus ont laissé partout comme un parfum de bonne odeur, et dont on peut redire avec vérité : *Pertransiit benefaciendo.*

M. l'abbé Mantet, qui avait cessé depuis deux ans à peine d'être aumônier de l'hôpital, vient de mourir plein de mérites, le 2 octobre 1882, dans sa soixante-dix-septième année. Toute sa vie se résume dans ce mot : *Il fut un pêcheur d'hommes.*

M. l'abbé François Mantet, né à Gray le 29 janvier 1806, appartenait à une famille d'honorables négociants qui, en toute circonstance, se distingua par cette loyauté que l'on puise dans la religion franchement pratiquée. Sa mère était une de ces femmes chrétiennes dont les grands sentiments de foi et de justice font de leurs enfants des hommes sérieux.

Comme fruit de cette forte éducation, un de ses frères, bien connu à Lyon pour ses bonnes œuvres, y est mort on pourrait dire en odeur de sainteté.

Pour lui, jeune, ardent, pieux, il voulut, après de solides études au collège de sa ville natale, entrer au séminaire, où bientôt sa piété et ses talents le mirent au premier rang. S. E. le cardinal Gousset, alors professeur de théologie, le remarqua entre tous, et voulant procurer à sa propre paroisse [1] un vicaire de son choix, le fit nommer à ce poste, où une année suffit pour le faire aimer au point qu'aujourd'hui encore on n'a pas oublié le *jeune vicaire*.

Voici un trait de son vicariat qui peint déjà le futur apôtre de la charité. C'était en 1830. Un témoin oculaire certifie l'avoir vu plusieurs fois descendre au fond d'une cave obscure pour y visiter un vieux mendiant et le préparer à une bonne mort. Cet homme, d'une figure rebutante et d'une vie méprisée, était venu après la révolution se fixer à Cherlieu, qui dépend de la paroisse de Montigny, pour servir l'avidité de la *bande noire* du pays. Pendant trente ans, on l'a vu parcourir, comme un génie funèbre, toutes les parties de l'église abbatiale, la plus magnifique de la province, ébranlant d'une main hardie les colonnes et les arceaux, et vendant à vil prix les pierres sacrées. On le devine, l'entreprise était difficile pour un jeune débutant ; mais, grâce à son habileté, il

---

[1] Montigny-lez-Cherlieu.

obtint un plein succès. Ce fut la première conquête de M. l'abbé Mantet.

En ce moment vaquait une paroisse de l'arrondissement de Gray [1]. Là, depuis longtemps, le curé, brisé par l'âge et les infirmités, n'avait pu exercer que le ministère de la prière, et l'instruction laissait à désirer. M. l'abbé Mantet arrive ; il se met à l'œuvre, il catéchise, et l'on se rappelle encore les émotions profondes qu'il savait éveiller même dans l'âme des enfants, en parlant de Notre-Seigneur Jésus-Christ et surtout de sa passion. Un jour, en expliquant le quatrième article du symbole, il fut si persuasif et si touchant, qu'on vit couler les larmes de son jeune auditoire.

C'est, sans nul doute, à ce zèle et à ces soins paternels que quatre de ces jeunes gens sont redevables, après Dieu, de l'honneur d'être prêtres.

En chaire, il était simple, profond, pratique ; il savait allier la douceur à la fermeté, et tempérer des avis nécessaires par une expression de tendresse qui touchait les cœurs et faisait fléchir les volontés les plus rebelles.

Il aimait son église, cet édifice qui est, au milieu des populations, la maison de Dieu et des hommes. Il sut l'embellir et l'orner, surtout aux jours des grandes solennités, et l'on se souvient encore avec bonheur et de la pompe avec laquelle il célébrait le

---

[1] Autoreille, canton de **Gy**.

mois de Marie, et des magnifiques reposoirs qu'il élevait en l'honneur de la Mère de Dieu. Il avait organisé des chœurs de chant qui lui ont valu plus d'un éloge, et il ne dédaignait pas d'y faire entendre lui-même les sons mélodieux d'une musique instrumentale qui charmait ce peuple peu habitué à l'harmonie. Aussi, à la tombée de la nuit, c'était merveille de voir toutes ses ouailles, les hommes non moins que les femmes, quitter les travaux de la vigne ou des champs pour venir se reposer, prier et chanter devant l'autel de Marie.

Cette dévotion si tendre, que dès son enfance il avait puisée, avec le désir du sacerdoce, aux pieds de la statue miraculeuse de Notre-Dame de Gray, ne fit que s'accroître en lui avec les années, et à l'hôpital comme à Autoreille, il aura encore ses pieuses industries pour la propager, surtout parmi les soldats.

Mais c'était au chevet des malades qu'il déployait davantage les qualités de son cœur. Il les visitait chaque jour, et souvent même il se faisait précéder de petits médicaments et de douceurs qui les réjouissaient ; puis, avec une gaieté toujours digne et un de ces mots dont il avait le secret, il relevait le moral de ses malades et ramenait à Dieu les plus indifférents.

Un jour il lui arrive, atteint d'une maladie de poitrine, un de ces voyageurs errants à travers le monde, qui amassent sur les routes moins de fortune que de haine contre la société. Il est là, étendu dans une étable, sur un peu de paille, refusant obstinément les consolations de la religion. Le curé, désolé, a pitié de ce malheureux, en qui il voit une âme à sauver. Il le visite à toute heure ; il prie et fait prier pour lui. Enfin le prodigue est touché, il veut se confesser ; mais sa voix est si faible qu'on l'entend à peine. Le pasteur se couche à côté de lui, entend ses secrets, lui pardonne au nom de Dieu, et après avoir passé la nuit sur son pauvre grabat, il lui administre les derniers sacrements. L'étranger expire en bénissant son bienfaiteur et en proclamant, avec les assistants émus, la beauté d'une religion qui inspire ainsi ses ministres.

M. l'abbé Mantet se plaisait au milieu de son peuple, et ce peuple l'aimait sincèrement. Cependant il aurait pu rêver une position plus brillante. Ses talents, sa belle éducation, son aimable piété, lui avaient valu l'estime de ses supérieurs. On lui offrit l'importante cure de Bucey-lez-Gy ; mais il refusa, « parce qu'il n'avait pas encore fait le bien, disait-il, dans sa chère paroisse d'Autoreille. » Quatorze ans furent employés à la transformer, mais elle le fut incontestablement. Les offices y étaient suivis et les sacrements fréquentés, et tous avaient pris, au contact de cette nature d'élite, une sorte d'éducation religieuse qui éloignait les procès, les discordes, les animosités. Tous s'étaient affectionnés à leur pasteur, et comme le cœur mène naturellement à l'imitation, il leur coûtait peu de travailler à lui ressembler. D'ailleurs sa piété n'était pas triste, il était d'un caractère enjoué, et il mettait dans sa conversation un certain sel gaulois, qui faisait dire à ses paroissiens : *Notre curé est un saint, mais c'est un malin.*

En un mot, il était adoré de ses paroissiens. Aussi, quand il fallut, pour le pasteur, obéir à la voix de ses supérieurs, et, pour les paroissiens, se séparer d'un si bon père, la douleur fut grande de part et d'autre.

A l'heure de la séparation, on s'assemble autour du presbytère, et on s'efforce encore de retenir celui qui est l'objet de tant d'affection. La désolation est générale, et l'on ne comprendra jamais les regrets de cette population au départ de son curé. Aujourd'hui, après plus de quarante ans, elle vit encore de son souvenir [1], et quand ses successeurs veulent donner plus de poids à leur parole, ils rappellent la mémoire de M. le curé Mantet et se contentent de demander ce qu'il eût demandé lui-même.

M. l'abbé Mantet venait donc d'être nommé second aumônier de l'hôpital Saint-Jacques. Il y arrive aux appointements de 800 francs par an : on ne l'accusera pas de rechercher ici les avantages de la fortune, et sa prédilection pour saint François d'Assise ne sera un mystère pour personne. Il trouve là, dans M. l'abbé

---

[1] Le 29 novembre dernier, on y fit pour lui un service funèbre, au milieu d'une assistance extraordinaire de prêtres et de fidèles.

Laviron, un digne confrère qui sera pour lui un guide sûr au début d'un ministère difficile, et un ami fidèle pour toute la vie.

Ici commence pour M. Mantet une vie toute nouvelle. Désormais il faudra vivre loin du monde, au milieu des malades et des mourants, et respirer de salle en salle un air souvent empesté, et tout cela pour se consacrer entièrement à cette chose si grande, mais parfois si ignorée, qu'on appelle une *âme*. Cette mission sublime et délicate de l'aumônier, M. l'abbé Mantet, soutenu par les grandes pensées de la foi, la remplira pendant près de quarante ans, avec un courage en quelque sorte héroïque.

Trois théâtres de dévouement vont donc partager son existence : le chevet des malades, le tribunal de la pénitence et les exercices de la prière. Ni les délicatesses d'une santé épuisée par les privations et les veilles, ni les soins minutieux qu'elle exige, ne le découragent; son âme conserve toujours dans un corps affaibli une énergie qui ne faiblit jamais.

Auprès des malades, c'est un père, c'est une mère. Comme il est aimable et sympathique ! Comme il sait consoler et le jour et la nuit, ne comptant jamais avoir assez fait s'il n'a ramené le calme dans les cœurs agités, s'il ne voit la résignation sur le front de ces malheureux que bouleverse un mal aigu ! Aussi le malade sourit et s'épanouit à son approche ; il sait que c'est un ami qui lui vient ; c'est à regret qu'il lui dit adieu, ou plutôt au revoir, car demain, car ce soir, l'ami reviendra et sera toujours favorablement accueilli.

De cette manière, que de bien n'a-t-il pas fait aux civils ! On rencontre dans un hôpital des types bien différents. Que de caractères aigris par la maladie, découragés par les revers et souvent prévenus contre le prêtre et la religion ! Mais à sa vue, les préjugés tombaient. A l'exemple de saint François de Sales, son patron, il savait si bien parler le langage de la mansuétude, que vite on lui ouvrait son cœur. C'était vraiment un don du ciel que la facilité admirable avec laquelle il enlevait, pour ainsi dire, l'âme la plus obstinée. Il était, en réalité, « un vrai pêcheur d'hommes, » témoin le trait suivant :

Il y a quelques années, un directeur de théâtre, brisé par l'infortune et affligé d'un horrible chancre à la bouche, vint se réfugier à l'hôpital. M. l'abbé Mantet le voit ; il est reçu poliment. Le mal rongeur continue ses ravages et le dénouement fatal se fait pressentir. Il faut parler de Dieu. A ce nom, le moribond se détourne en blasphémant. L'aumônier insiste ; mais par discrétion il juge à propos de se retirer. Cependant la mort est proche, encore quelques instants, et tout sera fini. Rappelé en toute hâte, l'aumônier se présente une dernière fois. Le moribond refuse. Le prêtre tombe à genoux, prend le crucifix, le baise et prie. Il se relève, se penche sur cette bouche infecte et de sa voix si douce : « Mon ami, dit-il, vous allez mourir, il est temps encore, vous repentez-vous? » Point de réponse. Le malade respire, ouvre les yeux, regarde le prêtre. Alors, approchant le crucifix des lèvres du mourant, M. l'abbé Mantet le lui présente en lui disant : « Mon ami, vous repentez-vous?... » Aussitôt le pécheur, touché de la grâce, fait un signe de tête affirmatif et approche de ses lèvres ulcérées l'image du Christ mourant pour lui. L'aumônier lève la main, prononce rapidement les paroles du pardon, et la mort, qui semblait en suspens, frappe son dernier coup.

Une seule fois il rencontra une véritable opposition. Elle venait, il est vrai, d'un homme plein de politesse et d'éducation, mais sans aucune idée de religion. En plusieurs circonstances je fus témoin moi-même de leur entretien. Il était beau de voir ces deux interlocuteurs qui, ne s'entendant pas sur la question essentielle, ne s'en estimaient pas moins. Le malade succomba sans avoir reçu les consolations suprêmes de la religion. M. l'abbé Mantet en ressentit un grand chagrin toute sa vie. Ils connaissent donc peu le ministère sacré, ceux qui prétendent que l'aumônier violente les consciences. Qui laisse plus de liberté aux âmes que ces hommes de Dieu, pour qui les moyens humains ne sont que bien secondaires dans leur conduite? M. Mantet, comme tous ses confrères, n'a jamais agi que par les motifs de la persuasion. Voilà pourquoi les convictions étaient si profondes et si durables ; voilà pourquoi on aimait tant à le revoir après avoir quitté l'hôpital, pour le consulter encore et verser dans son sein des confidences qui soulageaient.

Mais son plus grand bonheur était de se trouver au milieu des soldats. Cependant il n'a jamais cessé d'être digne avec eux : point de trivialité dans le langage, point de ces expressions plus ou moins hardies par lesquelles on pense quelquefois gagner plus tôt leur attention ; il était soldat avec les soldats, mais par la franchise, par la gaieté et la tendresse. Il réussissait auprès d'eux parce qu'il les aimait ; voilà tout son secret : ses conférences, soit aux civils, soit aux militaires, étaient extrêmement intéressantes, d'abord par la parole vive, originale et entraînante qu'il y faisait entendre ; puis par les loteries qu'il sut établir et fonder à ses frais, et où chacun d'eux retirait quelque chose d'utile et d'agréable : on eût dit, au milieu de ce monde si disparate, un père qui faisait prendre une honnête récréation à ses nombreux enfants. Aussi les soldats étaient-ils profondément attachés à celui qu'ils aimaient appeler « le vieux. » Ils revoyaient en lui un souvenir du prêtre de la première communion, du curé qui visitait la maison paternelle ; il leur rappelait cette mère qui, là-bas, au village, pensait à son fils et priait pour lui. On conçoit tout le bien qu'il a fait à ces milliers de jeunes gens qui ont passé par l'hôpital et ont été réconfortés par ses exemples et ses conseils.

Il ne faut pas être étonné des succès merveilleux que pendant toute sa vie M. l'abbé Mantet a obtenus dans la conduite des âmes. Ce pouvoir surnaturel, il le devait à sa haute vertu.

Sa charité était étonnante : Dieu seul sait ce qu'il a donné aux pauvres ; car cet homme si humble n'a jamais voulu que sa main gauche connût ce que faisait sa droite. Aux approches de la mort, il voulut assurer son œuvre de prédilection. D'après son testament, deux lits seront fondés à l'hôpital en faveur des pauvres. Cet esprit de charité se manifestait également dans ses conversations ; respectueux envers l'autorité, jamais on ne le surprit à la critiquer, et jamais on ne l'entendit médire de personne. Si, dans un entretien, une parole pouvait blesser la réputation du prochain, il était ingénieux à excuser, à faire un éloge mérité ou une diversion utile.

Qui dira le nombre de personnes de tous rangs venant s'agenouiller à son confessionnal pour y recevoir, avec le pardon, ces conseils toujours appropriés à leur position, toujours dictés par la prudence et la sagesse ? Sa discrétion était admirable ; son cœur, ouvert à toutes les confidences, était un puits fermé où seul l'œil de Dieu pouvait pénétrer. Il traitait avec les petits et les pauvres comme avec les riches et les grands.

Son temps était à tous, et il acceptait indistinctement la direction des âmes qui venaient à lui ; il savait remettre sur le droit chemin ceux qui s'égaraient, adoucir les peines et donner aux cœurs ulcérés la force de supporter les plus douloureuses épreuves.

Il semblait qu'un ministère si laborieux dût l'éloigner de toute autre œuvre, mais il savait encore utiliser ses loisirs pour étudier la théologie, l'histoire, cultiver les lettres et même les muses. Son zèle, ardent comme sa foi, ne se refusait à aucun appel de la charité. Chargé de l'œuvre des Ecoles d'Orient, une de ses grandes joies était d'entendre parler du bien qui s'opérait encore et pouvait procurer de nouvelles conquêtes à l'Eglise.

La vie de M. Mantet a été une longue souffrance, mais il aimait la croix et il regardait comme perdue la journée où il en était privé. Il était par-dessus tout un homme de prière. A quelque heure du jour qu'on le vît, il était en oraison. C'était son office, c'était son chapelet, c'était une élévation à Dieu. Enfant de saint François d'Assise, il redisait sans cesse avec lui : *Deus meus, et omnia!* Qui l'a vu prosterné au pied des autels, qui l'a vu célébrer la sainte messe, a pu se convaincre de son éminente piété. Et plus d'une fois, à son aspect, ceux qui ne le connaissaient pas se sont écriés : Voilà un homme de Dieu! Voilà un saint!

Cet esprit de piété le porta à accepter la direction de plusieurs communautés religieuses. Il fut pendant vingt ans le père spirituel, l'ami dévoué, le conseiller intime des carmélites. Il se trouvait bien au milieu de ces âmes qui ne vivent plus que pour la prière et la mortification, et c'est à l'ombre du cloître qu'il venait se reposer de ses fatigues. Son esprit contemplatif, sa science profonde des voies de la perfection, le mettaient à même de remplir tous les ministères : autant il réussissait à conduire le soldat, autant il réussissait à diriger la carmélite et l'hospitalière, imitateur de Jésus, qui sut diriger Marthe et Marie et convertir le centurion.

Cependant l'heure de la retraite avait sonné pour lui. Sa santé, de plus en plus altérée, l'obligea à ce sacrifice. Mais néanmoins il ne cessera pas d'exercer jusqu'à la veille même de sa mort son charitable ministère ; s'il a plus de loisirs, ce sera pour méditer les années éternelles, se préparer à la mort et consommer son union avec Dieu.

Il y a bientôt trois ans, on célébra le cinquantième anniversaire de son ordination avec une pompe et avec une joie qui feront époque à l'hôpital. L'administration, les religieuses, les soldats, les civils, tous s'étaient émus en ce beau jour des noces d'or, tous avaient senti monter en leur cœur de généreux élans d'affection, tous avaient senti monter à leurs lèvres des paroles de félicitation pour celui qui était un ami et un père. On put remarquer dans l'assistance un nombreux clergé, des chefs de la magistrature et de l'armée, des illustrations médicales et littéraires, tant la vie de « cet inconnu volontaire » avait inspiré d'estime, de sympathie, de vénération. Ce fut un grand jour de fête, ce fut une longue action de grâces pour un passé de cinquante années de sacerdoce, et une ardente prière pour un avenir heureux et prolongé, lequel, hélas ! allait sitôt finir.

A cette occasion, des adresses naïves en prose et en vers, accompagnées de fleurs et de vivats, lui furent prodiguées de toutes parts. En voici quelques passages échappés à la destruction : « ... Nous ne pouvons laisser passer cet anniversaire, lui disaient les malades de la salle Saint-Bernard, sans venir vous exprimer notre amour et notre reconnaissance. Nous vous prions donc de bien vouloir agréer les vœux que nous faisons pour votre santé, si précieuse à tant d'âmes converties ou maintenues dans la bonne voie par votre ministère. Les soins dont vous entourez tous les malades en leur prodiguant vos visites, dont le but est tout chrétien, leur font un devoir aussi de prier Dieu pour la conservation d'un aumônier si bon... » Suivent les signatures de toute la salle.

> Présente la miséricorde
> A ce pécheur qui va mourir ;
> Près de lui que ton cœur déborde,
> C'est assez pour le convertir.
>
> Loin du foyer qui l'a vu naître,
> En péril de perdre son cœur,
> Le soldat te retrouve, ô prêtre,
> Tendant la main à son honneur.
>
> François d'Assise à l'âme ardente,
> François de Sale, aimant et doux,
> Preux de l'Eglise militante,
> En toi se donnent rendez-vous.

Vrai serviteur de Marie, il aimait à visiter ses sanctuaires. Au mois d'août, il fit encore le pèlerinage de

Notre-Dame du Chêne : « C'était, a-t-il dit à son compagnon de voyage, pour lui faire ses adieux. »

La mort de M. l'abbé Mantet fut, comme sa vie, douce et édifiante ; c'est du côté de Dieu que devait tomber cet arbre qui n'avait cessé un seul instant de pencher du côté de Dieu. Vers la fin du mois de septembre, déjà légèrement indisposé, il avait accédé au désir d'un malade qui réclamait « le vieil aumônier. » Mais, rentré chez lui, il ressentit les premiers symptômes d'une fluxion de poitrine qui le conduisit au tombeau. Dès le début on ne conçut aucun espoir, et la maladie fit des progrès si rapides, que M. l'abbé Laviron fut obligé de lui administrer les derniers sacrements pendant la nuit. Bien qu'affaibli et souvent en délire, il les reçut avec une admirable piété. Ses heures d'agonie furent des heures de prière. Il restait sans cesse uni à Dieu, n'élevait la voix que pour formuler des actes de foi et redire combien il aimait son Jésus, l'hôte divin de son cœur. Un jour il se réveilla d'un assoupissement et s'écria : Vive Dieu ! puis il ajouta : Ah ! qu'il a été bon de nous donner les sacrements, et quelle confiance on puise dans leur réception ! Ce furent ses dernières paroles. Sa mort si paisible fut la récompense de sa sainte vie ; les anges gardiens, dont on célébrait la fête en ce jour, vinrent chercher sa belle âme pour l'introduire dans les tabernacles éternels.

Les obsèques du vénéré défunt eurent lieu le mercredi 4 octobre, en l'église de l'hôpital. C'était le septième centenaire de la naissance de saint François d'Assise et le trois centième anniversaire de la mort de sainte Thérèse... Ces deux saints, qu'il avait tant honorés, aimés et invoqués pendant sa vie, lui obtinrent sans doute d'être associé à leur gloire dans le ciel.

Il se fit un grand concours autour de son cercueil ; les regrets étaient unanimes. La messe fut dite par M. l'abbé Boilloz, vicaire général, qui avait bien voulu donner ce témoignage d'amitié à son ancien collègue d'ordination. Les coins du drap furent tenus par M. le chanoine Suchet, archiprêtre de la cathédrale ; par M. l'abbé Burlet, curé de Saint-François-Xavier ; par M. l'abbé Echenoz, ancien aumônier militaire, et par M. Coutenot, médecin en chef de l'hôpital civil.

On remarquait dans l'assistance plusieurs de MM. les administrateurs de l'hôpital, et un dignitaire de l'armée dont l'estime pour M. Mantet n'est un secret pour personne. Les religieuses et les pauvres suivaient et ne formaient pas la moins noble part du cortège. Sa mémoire restera en bénédiction et l'on pourra inscrire sur sa tombe :

Bonum certamen certavi, cursum consummavi, fidem servavi, in reliquo reposita est corona justitiæ quam reddet mihi Dominus in illa die justus judex [1].

---

[1] *II. Tim.*, IV, 7-8.

BESANÇON, IMP. DE P. JACQUIN.

www.ingramcontent.com/pod-product-compliance
Lightning Source LLC
Chambersburg PA
CBHW060605050426
42451CB00011B/2084